# تعلم الأنجليزية مع

# أمير علي

## AmeerMnsi

## تابعنا على سناب شات

 Printed in the United States of America. First Printing, October 2022
ISBN: 9798353346647 3333 Hawkwood ln Nashville, TN

# مقدمة

هذا الكتاب تم إنشاءه لمساعدة العرب على تعلم اللغة الانجليزية من البداية. قمت شخصياً و بجهود ذاتية بالعمل على الكتاب و تنسيقه و جعله بلغة عربية فصحى ليتسنى لكل العرب فهم الكتاب أياً كانت لهجة القارئ. سيتم تحديث الكتاب بمعلومات جديدة كل سنة إن كانت هنالك تغييرات.
كما هو معروف عن قناة "الجنسية الأمريكية مع أمير علي" و قناة "تعلم اللغة الانجليزية
مع أمير علي" على اليوتيوب بعدم تعقيد الأمور، قمنا بالأستمرار بنفس النهج في هذا الكتاب لجعل كل شيء بسيط جداً.
لا تقم بنشر محتويات هذا الكتاب أو بيعه أو إهداءه بأي شكل من الأشكال فبدلاً من نشره بطريقة غير قانونية قم بإرشاد الناس الى شراء الكتاب, لإن هذا الكتاب محمي بقانون حقوق الطبع و النشر في أمريكا و بخلاف هذه التعليمات سيتعرض الناشر الى المثول أمام القضاء في حال نشر الكتاب أو إعادة بيعه. بدلا من ذلك و تقديراً للجهد المبذول يرجى إرسال رابط شراء الكتاب الى كل من يحتاجه.

# المحتويات

# التحيات

Hello, how are you?

Or

Hello, how are things?

مرحبا، كيف حالك ؟

هالو هاو آر يو / هالو هاو ار ثينكس

- I am fine.

انا بخير .

آيام فاين

- I am good.

انا بصحة جيدة .

آيام كود

- I am not okay.

انا لست بخير .

آيام نآت اوكاي

How is it going?

كيف تسير الامور ؟

هاو إزت كوينك

- Things are going well.

الامور علي ما يرام .

ثينكس آر كوينك ويل .

Good morning

تستخدم للتحية صباحا بمعني صباح الخير

كود مورنينك

ويكون الجواب نفس الشئ

Good morning

Good afternoon

تستخدم للتحية مساءا بمعني مساء الخير

كود افترنون

ويكون الجواب نفس الشئ

Good afternoon

Good evening

تستخدم بمعني مساء الخير

كود ايفينينك

ويكون الجواب نفس الشئ

Good evening

Hello!

مرحبا !

هالو

تستخدم للتحية في كل اوقات اليوم و ايضا في بدء المحادثات الهاتفية

# الوداع

Good bye .

مع السلامة
كود باي
وتكون الإجابة ايضا

Good bye .

See you later .

اراك لاحقا
سي يو لاتر

See you tomorrow

اراك غدا
سي يو تومورو

Good night

ليلة سعيدة
كود نايت
تستخدم للتوديع مساءا و قبل الذهاب الي النوم ايضا
وتكون الاجابة ايضا

Good night

عند المناسبات مثل رأس السنة او اعياد الميلاد

لالقاء التحية نستخدم :

Happy New Year !

عام جديد سعيد
هابي نيو يير
لكن الإجابة ستكون مختلفة ، سنقول :

Many happy returns.

يعود عليكم بالفرحة
ماني هابي ريتآرنس

## لتهنئة شخص او القاء الثناء عليه :

- Well done .

احسنت .
ويل ضن

- Congratulations on ( انجاز حصل عليه )

تهانينا علي ( ثم نذكر الانجاز الذي حصل عليه )
كونكراتيولآشنز اون

- Go on!

استمر !
كو اون

That would be great.

سيكون هذا رائعا
ذات وود بي كرآت

looks amazing

يبدو مذهلا
لوكس امازينك

This is not a bad attempt.

هذه ليست محاولة سيئة .
ذس إز نآت أ باد أتيمبت

كانت الجمل السابقة جميعها في سياق الاحترام والسياقات الرسمية .

سننتقل الآن إلي الجمل ذات السياق الغير رسمي ( تكون عادة بين الاصدقاء ).

# التحيات غير الرسمية

كيف تقول مرحبا باكثر من طريقة :

- **Hi**

مرحبا
هاي

- **Hello**

مرحبا
هالو

- **Hey**

مرحبا
هآي (مع كسر النطق قليلا )

- **Hey there**

مرحبا
هآي ذآر

هذه الكلمات والجمل لا يمكن استخدامها في حديث رسمي .

فقط بين الاصدقاء و اشخاص تعرفهم .

How are you doing?

كيف حالك ؟
هاو أر يو دوينك

How's things?

كيف الحال ؟
هاو از ثينكس

**للرد عليها من الممكن ان نختصر الجمل الطويلة ونقول :**

Fine

بخير
فاين

Good

جيد
كود

Not fine

لست بخير
نآت فاين

# الاعتذار و قبول الاعتذار

---

عندما نسئ إلي شخص لابد ان نعتذر إليه :

I'm sorry .

انا اسف .
ايآم سوري.

I beg your pardon.

اطلب منك السماح .
آي بآك يور باردون

Excuse me.

المعذرة
إكسيكيوزمي

Forgive me.

سامحني
فوركيف مي

## جمل تصلح لتقديم الاعتذار عن اي شئ :

I am sorry about (الفعل الذي تقدم اعتذراك بسببه)
انا اسف على ( شئ قمت بفعله وتود الاعتذار )
ايآم سوري أبآوت

I hope you will excuse me
آمل انك ستستامحني
آي هآب يو ويل إكسيكيوزمي

I'm extremely sorry about ( اي فعل )
انا جدا اسف علي (فعل تود الاعتذار عليه )
ايآم اكستريملي سوري أبآوت

**هذه الجمل تنفع اذا كنت تعتذر لشخص اكبر منك او حتي لصديقك**

## للرد على الاعتذار نستخدم :

- That's **OK**

لا بأس
ذاتس اوكآي

- No **problem**

لا مشكلة
نو بروبليم

- Never mind

لا عليك
نآفر مايند

- I forgive you

لقد سامحتك
آي فوركيف يو

- It's **alright**

كل شئ علي ما يرام
اتس أورايت

# التعارف وتقديم النفس

**عند مقابلة شخص**
**لأول مرة عليك ان تتعرف عليه بهذه الطريقة:**

**Hi, What's your name?**

مرحبا، ما اسمك ؟
هاي واتس يور نيم

- **My name is (Mohammed)**

اسمي هو ( محمد )
مآي نيم از ( محمد)

- **I am (Mohammed)**

انا (محمد)
ايآم (محمد)

يمكن ان نقول الاسم مفردا هكذا

**What's your name?**

- **(Mohammed)**

## عندما يسألك شخص عن عمرك:

How old are you?

كم عمرك ؟

هاو اولد آر يو

- I am (27) years old

عمري (27) سنة

أيآم (27) ييرز اولد

- I am (27)

عمري (27)

ايآم (27)

- I'm Almost (35 )

تقريبا عمري (35)

ايآم أولموست (35)

- I'm around your age

انا في نفسك عمرك

ايآم اراوند يوور أيج

- I'm in my early (20)s

انا في اوائل ( العشرينات )

ايآم إن ماي آرلي ( 20 )

## What is your profession ?

ما هي مهنتك ؟
واتس يور بروفيشآن

- truck driver

سائق شاحنة
تراك درايفر

- Nurse

ممرضة
نآرس

- Teacher

معلم
تيتشار

- Farmer

مزارع / فلاح
فارمار

- Baker

خباز
بآكر

- **Contractor**

عامل بناء
كونتراكتور

- **Secretary**

سكرتيرة
سيكراتآري

- **Barber**

حلاق
باربآر

- **Plumber**

السباك
بلومبآر

## عند يسألك شخص عن بلدك :

**Where Are you from?**

من اين أنت ؟

وير آر يو فروم

**للاجابة :**

- **I am from ( ثم نقول اسم بلدنا )**

انا من ( اسم بلدك)

ايآم فروم

-من الممكن ان نقول اسم البلد دون وضعها في جملة مثل :

- **Egypt**

مصر

ايجيبت

- **Iraq**

العراق

إيراق

- **Algeria**

الجزائر

الجيريا

- **Lebanon**

لبنان
ليبانون

- **Syria**

سوريا
سيريا

- **Tunisia**

تونس
تونيزا

- **Oman**

عمان
أومان

- **Qatar**

قطر
قآتر

- **Palestine**

فلسطين
بالاستاين

# في البيت

## عندما تريد ان تطلب شيئا من افراد العائلة :

**Would anyone like tea or coffee?**

هل من أحد يود شاي او قهوة ؟

وود اينيوان لايك تي أور كوفي

**Can you put the light on?**

هل من الممكن ان تشعل الضوء؟

كان يو بوت ذا لايت اون

**Can you turn the light off?**

هل من الممكن ان تطفئ الضوء؟

كان يو تآرن ذا لايت اوف

- **Could you help me wash the dishes?**

هل تساعدني في غسل الصحون؟

كود يو هيلب مي وآش ذا ديشيس

## عندما تكون على طاولة الطعام نتسخدم هذه الجمل :

**What's for ...?**

ماذا هناك علي ....؟
واتس فور

-breakfast

الفطور
بريكفاست

-lunch

الغداء
لآنش

-dinner

العشاء
دينار

- Breakfast's ready

الفطور جاهز
بريكفاستس رآدي

- Lunch is ready

الغداء جاهز
لآنش از رآدي

- Dinner's ready

العشاء جاهز
دينارس رادي

What would you like for ...?

ماذا تحبّ على ...؟

وات وود يو لايك فور

Would you like some toast?

هل تودّ بعض الخبز المحمّص؟

وود يو لايك صام توست

Could you pass the ..., please?

هلاّ مرّرت لي ... من فضلك؟

كود يو باس ذا (....) بلييز

- Salt

الملح

سآلت

- Sugar

السكر

شوكار

- Butter

الزبدة

باطار

**Would you like a glass of ...?**

هل تودّ كأساً من ...؟

وود يو لايك أ كلاس اوف

- water

الماء

واتار

- orange juice

عصير برتقال

اورانج جوس

**Careful, the plate's very hot!**

كن حذرا، الطبق ساخن

كارفول، ذا بلاتس فيري هوت

**Would you like some more?**

هل تود المزيد ؟

وود يو لايك صام مور

## Have you had enough to eat?

هل اكلت بما فيه الكفاية ؟
هل شبعت ؟
هاف يو هاد إنآف تو إيت

- I'm full

لقد شبعت
ايآم فل

## Would you like dessert?

هل تود الحلويات ؟
وود يو لايك ديسآرت

## عندما تود اعطاء رأيك فى الطعام :

## That was ...

كان ذلك
ذات وآز

- lovely

جميلا
لآفلي

- excellent

ممتازا
إكسيلانت

- very tasty

مذاقه طيب
فآري تاستي

- delicious

لذيذ
ديليشاس

## مشاهدة الرياضة على التلفاز:

**What time's the match on?**

متى تبدأ المباراة؟
وات تايمز ذا ماتش اون

**Who's playing?**

من يلعب
هوز بلاينك

**Who's winning?**

من الرابح؟
هوز وينينك

**What's the score?**

ما النتيجة ؟
واتس ذا سكور

**Who won?**

من ربح؟
هوو وآن

- **It was a draw**

لقد كان تعادلا
إت واز أ دراو

# في العمل

عندما تكون في العمل لابد ان تعرف هذه الجمل :

**How long have you worked here?**

منذ متي وانت تعمل هنا ؟

هاو لونك هاف يو واركيد هيير

- **I have been working here for two years.**

اعمل هنا منذ سنتين

أي هاف بين واركينك هير فور تو ييرز

**What time does the meeting start?**

متي يبدأ الاجتماع ؟

وات تايم داس ذا ميتينك ستارت

**What time does the meeting finish?**

متي ينتهي الاجتماع ؟

وات تايم داس ذا ميتينك فينيش

Can I see the report?

هل استطيع ان أري التقرير ؟

كان أي سي ذا ريبورت

- Okay

حسنا

اوكاي

- Give me 10 minutes

اعطني 10 دقايق

كاف مي 10 مينيتس

I need to do some photocopying

احتاج للقيام ببعض النسخ

اي نيد تو دو صام فوتوكوبينك

Where's the photocopier?

اين آلة النسخ ؟

ويرس ذا فوتوكوبيار

- The photocopier's jammed

الآلة الناسخة عالقة

ذا فوتوكوبيارس جامد

I have left the file on your desk

تركت الملف علي مكتبك

اي هاف ليفت ذا فايل اون يور دسك

I will be with you in a moment

ساكون معك بعد لحظة

آي ويل بي ويذ يو إن أ مومنت

Can I help you?

هل اساعدك ؟

كان آي هيلب يو

Do you need any help?

هل تحتاج الي المساعدة ؟

دو يو نيد إني هيلب

There's a problem with my computer

هناك مشكلة في حاسوبي

ذيرس أ بروبلم ويذ ماي كومبيوتر

- The system's down at the moment

النظام لا يعمل حاليا

ذا سيستمز داون آت ذا مومنت

- The internet's down at the moment

الانترنت لا يعمل حاليا

ذا انترنيتس داون آت ذا مومنت

- The printer isn't working

الطابعة لا تعمل

ذا برينتار اذنت واركينك

Thanks for your help

شكرا علي تقديم المساعدة

ثانكس فور يور هيلب

Can I book some time off ?

هل استطيع الحصول علي اجازة ؟

كان آي بوك صام تايم اوف

- We are busy this week

نحن مشغولون جدا هذا الاسبوع

وي آر بآزي ذس وييك

- Yes you can

نعم يمكنك

ياس يو كان

Can you email me the details?

هل يمكنك ان ترسل لي التفاصيل

كان يو ايميل مي ذا ديتالس

- check whatsapp

تفقد الواتس آب

تشيك واتساب

- I didn't get the message

لم احصل علي اي رسالة

آي ديدينت كيت ذا ماسيج

He's on holiday

انه في اجازة
هيز اون هوليداي

I'm going out for lunch

انا ذاهب لتناول العشاء
ايآم كوينك أوت فور لآنش

He's been promoted

لقد تم ترقيته
هيز بيين بروموتد

You are fired

انت مطرود
يو آر فايرد

Here's my business card

تفضل بطاقة العمل خاصتي
هيرز ماي بيسنيس كارد

# في المطعم

## حجز طاولة :

**Do you have any free tables?**

هل لديكم اي طاولة فارغة ؟

دو يو هاف إني فري تآبلز

عندما يسألك نادل المطعم كم عدد الاشخاص سترد :

**A table for …, please**

طاولة ل (عدد الاشخاص ) من فضلك

- **Two**

شخصين

تو

- **Three**

ثلاثة اشخاص

ثري

I would like to book a table, please

اريد حجز طاولة من فضلك
آي وود لايك تو بوك أ تآبل بليز

When for?

متي ؟
وين فور

For what time?

من اجل اي وقت ؟
فور وات تايم

- This evening

هذا المساء
ذس ايفينينك

- seven o'clock

الساعة السابعة
سيفين اوكلوك

- eight thirty

الثامنة والنصف
أت ثيرتي

Tomorrow at ...

غدا في (الوقت الذي يناسبك)
تومورو آت

- noon

الظهيرة
نوون

## طلب وجبة :

Could I see the menu, please?

هل استطيع رؤية قائمة الطعام من فضلك ؟
كود آي سي ذا مينيو بليز

Can I get you any drinks?

هل اجلب لك أي مشروبات
كان آي كيت يو إني درينكس

**Are you ready to order?**

هل انتم جاهزون للطلب ؟
آر يو رادي تو اوردر

**Do you have any specials?**

هل لديكم اي وجبات خاصة
دو يو هاف إني سبيشيالس

**What's the soup of the day?**

ما هو حساء اليوم ؟
واتس ذا سوب اوف ذا داي

**What's this dish?**

ما هذا الطبق ؟
واتس ذس ديش

**اذا كنت في نظام غذائى ستقول :**

**I'm on a diet**

انا في حمية غذائية
ايآم أون دايت

**اذا كان لديك حساسية عادية من شئ ستقول :**

**I'm allergic to ...**

لدي حساسية من
ايام اليرجيك تو

- **wheat**

قمح
وييت

- **dairy products**

منتجات اللبن
دآيري بروداكتس

**اما اذا كانت لديك حساسية شديدة جدا من شئ ستقول :**

**I'm severely allergic to ...**

لدي حساسية شديدة من ...
آيام سيفيرلي اليرجيك تو

- **nuts**

المكسرات
ناتس

- **shellfish**

المحار
شيلفاش

- **too much salt**

الملح الكثير
تو ماتش سآلت

## اذا كنت نباتي ستقول

I'm a vegetarian

انا نباتي
ايآم أ فيجيتآريان

I don't eat ...

انا لا آكل (وجبة او اسم طعام )
آي دونت إيت

- meat

اللحم
ميت

- pork

لحم الخنزير
بورك

## I will have the ...

سآخذ ال. . .
آي ويل هاف ذا . . .

- chicken breast

صدر دجاج
تشيكن برآست

- roast beef

لحم بقري
روست بييف

- pasta

نوع من انواع المكرونة
باستا

## I will take this

سآخذ هذا
آي ويل تآك ذس

- I'm sorry, we're out of that

آسف لقد نفذ من عندنا
آيام سوري، وي آر أوت اوف ذات

## How would you like your steak?

كيف تحب شرائحك ؟

هاو وود يو لايك يور ستيك

- **Rare**

غير مطبوخا جيدا (نادرا ما يطلبها احد هكذا)

رآر

- **Medium-rare**

نصف مطبوخة

ميديام رآر

- **Medium**

وسط

ميديام

- **Well done**

مطبوخة جيدا

ويل دن

Is that all?

هذا كل شئ ؟
از ذات آلل

Or

Would you like anything else?

هل تريد اي شئ آخر
وود يو لايك إينيثينك إلس

- Nothing else, thank you

لا شئ آخر ، شكرا لك
نآثينك إلس ، ثانك يو

How long will it take?

كم سيستغرق الأمر ؟
هاو لونك ويل إت تآك

- It will take about twenty minutes

سيستغرق حوالي عشرون دقيقة
إت ويل تاك أباوت توينتي مينيتس

- We're in a hurry

نحن في عجلة
وي آر إن أ هاري

## دفع الفاتورة :

The bill, please

الفاتورة من فضلك
ذا بيل بليز

Could we have the bill, please?

هل لنا بالفاتورة من فضلك ؟
كود وي هاف ذا بيل بليز

Can I pay by card?

هل استطيع الدفع بالبطاقة المصرفية ؟
كان آي بآي باي كارد

- I will get this

سادفع ( سأتولي الأمر )
آي ويل كيت ذس

# في المطار

**Here's your boarding pass.**

ها هي بطاقة الصعود إلى الطائرة

هيرز يور بووردينك بآس

**Please step back.**

من فضلك تراجع

بليز ستب باك

**Do you have anything in your pockets – keys, cell phone, coins?**

هل لديك أي شيء في جيوبك – مفاتيح ، هاتف نقال، عملات معدنية؟

دو يو هاف اينيثينك إن يور بوكيتس – كييز – سيل فون ، كوينز ؟

**Please place your bag on the scale.**

من فضلك ضع حقيبتك على الميزان

بليز بلاس يور باك اون ذا سكآل

Is the flight on time?

هل الرحلة في الوقت المحدد؟

از ذا فلايت اون تايم ؟

May I have your passport, please?

هل لي بجواز سفرك من فضلك؟

ماي آي هاف يور باسبورت ، بليز

There is no smoking on this plane.

لا يوجد تدخين على هذه الطائرة

ذآر از نو سموكينك اون ذس بلان

Your flight leaves from gate 20.

تغادر رحلتك من البوابة 20

يور فلايت ليفز فروم كات 20

Please turn off electronic devices.

يرجى إيقاف تشغيل الأجهزة الإلكترونية

بليز تارن اوف اليكترونيك ديفايسيس

Please do not leave any bags unattended.

من فضلك لا تترك أي حقائب دون رقابة

بليز دو نآت ليف إيني باكس أن أتآنديد

Good afternoon! Where are you flying to today?

طاب مسائك! إلى أين أنت مسافر اليوم؟

كود افترنون! وير آر يو فلاينك تو تودآي ؟

This is the final call for flight(number)

هذه هي المكالمة الأخيرة لرحلة ( رقم الرحلة )

ذس از ذا فاينل كآل فور فلايت

Could you tell me where customs are?

هل يمكن أن تخبرني أين هي الجمارك؟

كود يو تيل مي وير كاستومس آر

Excuse me, where is baggage claim?

عفوا، أين مكان استلام الأمتعة؟

اكسيكيوز مي ، وير از باكآج كلايم

How do you get to Gate E?

كيف تصل الي البوابة (رقم اي بوابة )

هاو دو يو كيت تو كآت (الرقم)

Excuse me, where is the American Airlines check-in desk?

معذرة، أين مكتب إنجاز إجراءات السفر للخطوط الجوية الأمريكية؟

اكسيكيوز مي ، وير از ذا اميريكان إيرلاينز شيك إن ديسك

What is the purpose of your trip?

ما الغاية من رحلتك؟

وات از ذا باربوس اوف يور تريب

Place your luggage in the overhead compartments.

ضع أمتعتك في المقصورات العلوية.

بلاس يور لاكآج إن ذا اوفرهيد كومبارتمينتس

Your seat number is (18A)

رقم مقعدك هو 18 أ

يور سيت نامبر از ( اي رقم )

Would you like a window seat or a corridor seat?

هل ترغب في مقعد بجانب النافذة أو مقعد في الممر؟

وود يو لايك أ ويندو سيت أور أ كوريدور سيت

How much is the fee?

كم هي الرسوم؟

هاو ماتش از ذا في

Flight DAN156 has been delayed.

تم تأخير الرحلة DAN156

فلايت ( رقم الرحلة) هاز بيين ديلايد

كانت هذه الجمل الاكثر استخداما وشيوعا في المطار ، لذا لابد عليك ان تكون علي دراية بها .

# تقديم المساعدة

---

## اذا وجدت شخصا في مشكلة لابد من تقديم المساعدة له كالتالي :

**Can I...?**

هل أستطيع أن...؟

كان آي

**Shall I...?**

هل لي ان

شال آي

**Would you like me to...(do something)?**

هل تريدني أن...( فعل شيء)؟

وود يو لايك مي تو

## Would you like…(something)?

هل تود أن…( فعل شيء)؟

وود يو لايك

## Do you want me to…(do something)?

هل تريدني أن…( فعل شيء)؟

دو يو وانت مي تو

## Do you want…(something)?

هل تريد أن…( فعل شيء)؟

دو يو وانت

## Let me…(do something)

دعني…( فعل شيء)؟

ليت مي

## I can…If you'd like

أستطيع...إذا أردت.

آي كان ... إف يوود لايك

## I'd be happy to…(do something)

يُسعدني أن...( فعل شيء)؟

آيد بي هابي تو ...

## May I offer you… (Something)?

هل لي أن أقدم لك...( فعل شيء)؟

ماي آي اوفرر يو ...

## اختبر نفسك في القراءة والترجمة :

**Would you like something to drink?**

**Would you like me to open the door?**

**Can I help you?**

**Can I give you a hand?**

**Let me help you.**

**Would you like me to answer the phone?**

**Do you want some more tea?**

**Do you want me to turn down the TV?**

**I'd be happy to take you to the airport.**

**May I offer you a cup of coffee?**

## عند قبول العرض نقول :

Yes, please.

نعم، رجاءً

يآس بليز

Yes, I'd love to.

نعم، أود...

يآس آي وود لاف تو

Yes. That would be great.

أجل،سيكون هذا رائعاً

يآس ذات وود بي كريت

Yes please, that would be lovely.

نعم من فضلك، هذا سيكونُ جميلًا.

يآس بليز ذات وود بي لآفلي

Yes, if you wouldn't mind.

نعم، إذا لم تكن تمانع

يآس إف يو وودنت مايند

That's very kind of you.

هذا لطف كبير منك

ذاتس فآري كايند اوف يو

Thank you. I'd like to.

شكرًا لك. أود أن

ثانك يو . آي وود لايك تو

## رفض عروض المساعدة :

No, thanks.

لا، شكراً لك

نو ثانكس

It's Ok. I can do it myself.

لا بأس. يمكنني القيام بذلك بنفسي

اتس اوك . آي كان دو إت مايسيلف

Thank you for your kindness but I can do it myself.

شكراً لكرمك ولكن يمكنني القيام بذلك بنفسي

ثانكس يو فور يوور كيدنيس بات آي كان دو إت مايسيلف

Don’t worry. I can do it.

لا تقلق. يمكنني القيام بذلك

دونت ووري . آي كان دو إت

I appreciate that but I can do it myself.

أقدر ذلك ولكنني أستطيع أن أفعل ذلك بنفسي

آي أبريسيات ذات بات آي كان دو إت مايسيلف

هذه كانت طريقة لطلب المساعدة

و

قبول طلب المساعدة

او

رفضه

**الآن سننتقل الى جزء اهم الاسئلة في اللغة الانجليزية :**

**What is your name?**

**ما هو اسمك؟**

**واتس يور نآم**

**Where are you from?**

**Or**

**Where do you come from?**

**من اي دولة أنت؟**

**وير دو يو كام فروم**

**What is your surname?**

**Or**

**What is your family name?**

**ما هو اسم عائلتك؟**

**واتس يور فاميلي نآيم**

What is your first name?

ما هو اسمك الاول؟

وات از يور فيرست نآيم

What is your address?

ما هو عنوانك؟

وات از يور ادريسس

Where do you live?

أين تسكن؟

وير دو يو ليف

What is your phone number?

ما هو رقم هاتفك؟

وات از يور فون نآمبر

How old are you?

كم عمرك

هاو اولد آر يو

Where were you born?

اين ولدت ؟

وير وير يو بورن

When were you born?

متي ولدت ؟

وين وير يو بورن

Are you **married**?

هل انت متزوج؟

آر يو ماريد

What is your **marital status**?

ما هي حالتك الاجتماعية؟

وات از يور ماريتال ستاتيوس

What is **your job**?

ماذا تعمل ؟

وات از يور جاب

Where did you go?

اين ذهبت؟

وير ديد يو كو

What did you do?

ماذا فعلت؟

وات ديد يو دو

Where were you?

اين كنت؟

وير وير يو؟

## Have you got a (something)?

هل لديك (شئ )؟

هاف يو كوت أ

## Can you play (لعبة)?

هل يمكنك لعب (لعبة)؟

كان يو بلاي

## Can you speak (لغة)?

هل تستطيع ان تتحدث(لغة)؟

كان يو سبيك

## How do you do?

كيف حالك؟

هاو دو يو دو

How are you?

كيف حالك؟

هاو آر يو

Can I try it?

هل استطيع ان اجربه؟

كان آي تراي إت

How much is it?

كم السعر؟

هاو ماتش از إت

**How much does it cost?**

كم التكلفة؟

هاو ماتش داز إت كوست

**Can I pay by check?**

هل يمكنني الدفع بالشيك؟

كان آي بآي باي شيك

**What is that?**

ما هذا؟

وات از ذات

**What time is it?**

كم الوقت؟

وات تايم از إت

What do **you like**?

ماذا تحب؟

وات دو يو لايك

What would **you like**?

في ماذا ترغب ؟

وات وود يو لايك

Have you **got something** (bigger / smaller)?

هل لديك شئ (اكبر / اصغر )؟

هاف يو جوت صامثينك

**May I open the window?**

**هل يمكنني فتح النافذه؟**

**ماي آي اوبن ذا ويندوو**

**Is there a (bank / super market / pharmacy) near here?**

**هل يوجد ( بنك / سوبر ماركت / صيدلية إلخ...) بالقرب من هنا ؟**

**از ذآر أ (بنك/سوبر ماركت / صيدلية إلخ ...) نير هير**

# بعض الاسئلة والاجابات عليها؟

How many children have you got?

كم طفلاً لديك؟

هاو ماني شيلدرن هاف يو كوت

- I have got two children.

لدي طفلان

آي هاف كوت تو شيلدرن

With whom do you live?

مع مَن تعيش؟

ويذ هووم دو يو ليف

- I live with my parents.

أعيش مع والداي.

آي ليف ويذ ماي بآرانتس

What time do you get up?

متى تستيقظ؟

وات تايم دو يو كيت أب

- I get up at (7) o'clock.

استيقظ الساعة السابعة.

آي كيت أب آت (7) اوكلوك

What time do you go to bed?

متى تنام؟

وات تايم دو يو كو تو بيد

- I go to bed at (10) o'clock.

أنام الساعة العاشرة.

آي كو تو بيد آت 10 اوكلوك

## What's your hobby?

ما هي هوايتك؟

واتس يور هوبي

- I like playing football.

أحبُّ لعب كرة القدم.

آي لايك بلاينك فوتبول

## What kind of films do you like?

أي نوع من الأفلام تفضل؟

وات كايند اوف فيلمز دو يو لايك

- I like romantic films.

أفضل الأفلام الرومنسية.

آي لايك رومانتيك فيلمز

**What do you want to do after graduation?**

ماذا تريد أن تعمل بعد التخرج؟

وات دو يو وانت تو دو أفتر كراديوواشن

- **I want to be an English teacher.**

أريد أن أصبح مدرساً للغة الإنجليزية

آي وانت تو بي آن انكلش تيتشر

What do you want to be when you grow up?

ماذا تريد أن تصبح عندما تكبر؟

وات دو يو وانت تو بي وين يو كرو أب

What is your favourite thing to do with friends?

ما هو الشيء الذي تفضل فعله مع الأصدقاء؟

وات از يور فافوريت ثينك تو دو ويز فريندس

How do you relax after a hard day?

كيف تستريح بعد يوم شاق؟

هاو دو يو ريلاكس أفتر أ هارد داي

Which city would you like to visit?

ما المدينة التي تود زيارتها؟

ويتش سيتي وود يو لايك تو فيزيت

How would someone get your attention?

كيف يلفت شخص ما انتباهك؟

هاو وود صاموان كيت يور اتينشان

What is the last book you read?

ما هو آخر كتاب قرأته؟

وات از ذا لاست بوك يو ريد

Tell us about yourself?

أخبرنا عن نفسك

تيل أص اباوت يورسيلف

What are your strengths?

ما هي نقاط قوتك ؟

وات آر يور سترينثز

What are your weaknesses?

ما هي نقاط ضعفك؟

وات آر يور ويكنيسيس

Why are you interested in this job?

لماذا أنت مهتم بهذه الوظيفة؟

واي آر يو انترستيد إن ذس جوب

# الملخص

---

**<u>مما سبق نستنتج بعض المهارات :</u>**

**اولا الضمائر :**

**I**

**الضمير أنا ويأتي معه الفعل المساعد**

**Am**

**لتبدأ الجملة هكذا**

**I am**

**وتكون بمعني انا اكون ، ويمكننا وضع بعدها اي اسم**

**مثلا : انا اكون مزارع ، انا اكون معلم ، انا اكون خباز ...وهكذا**

## الضمائر :

He / She / It

هو / هي / ضمير لغير العاقل

ويأتي معهم الفعل المساعد

Is

لتبدأ الجملة هكذا

He is / she is / it is

وتكون بمعني هو يكون / هي تكون / إنه يكون

لاحظ أن الفعل في زمن المضارع يضاف له حرف

S

مع هذه الضمائر

مثل

He plays

She eats

وهكذا

## النوع الاخير من الضمائر :

**We / they / you**

بمعني نحن / هم /

اما

**You**

لها معنيين  الاول أنت / الثاني يمكن ان تاتي بمعني أنتم

ياتي معهم الفعل المساعد

**Are**

لتكون الجملة كالتالي

**We are / they are / you are**

بمعني نحن نكون / هم يكونون / انت او انتم تكونوا

# تكوين الجملة فى اللغة الانجليزية :

تتكون الجملة في اللغة الانجليزية كالتالي :

فعل + فاعل +(مفعول او من الممكن ان لا نضيف مفعول )

مثال

**Adam plays football**

آدم يلعب كرة القدم

آدم بلايز فوتبول

**Adam paly**

من الممكن ان تكون الجملة ايضا في المبني للمجهول مثل :

**Football was playing .**

كرة القدم لعبت .

تذكر دائما ان لكل قاعدة هناك قاعدة اخري يمكن ان تكون عكسها .

لذلك يمكن ان تقال الجملة بكثير من الطرق و جميع الطرق صحيحة

## ادوات الاستفهام :

ادوات الاستفهام كثيرة في اللغة الانجليزية :

**Who**

بمعني من

تستخدم للسؤال عن شخص عاقل

**What**

ما / ماذا

تستخدم للسؤال عن غير العاقل

## When

متي

تستخدم للسؤال عن التوقيت

## Where

اين

تستخدم للسؤال عن المكان

## Why

لماذا تستخدم للسؤال عن السبب

عادة ما تكون الاجابة بادئه ب

- **Because**

لأن

بيكآز

## How

كيف

تستخدم للسؤال عن الحال

## Which

أي

تستخدم للاشارة الي شئ

او

التخيير بين شيئين

## Whose

من

تستخدم للسؤال عن اشخاص الشخص

مثلا نقول

لمن هذا الكتاب

# تكوين السؤال :

## يتكون السؤال في اللغة الانجليزية بهذه الطريقة :

الفعل + فاعل + فعل مساعد + كلمة استفهامية?

وتسمى بالأسئلة المفتوحة لان إجابات هذا النمط من الأسئلة في اللغة الإنجليزية يتطلب المزيد من التفاصيل و المعلومات لتوضيحها.

**Example:**

كيف يبدو صديقك على؟

**What does your friend Ali look like?**

إنه قصير ذو لحية وعيون زرقاء

**He's short with a beard and blue eyes.**

أين ذهبت الليلة الماضية؟

**Where did you go last night?**

ذهبت إلى مطعم ثم خرجت من المدينة

**I went to a restaurant and then out of the city**

ماذا تريد أن تفعل الآن؟

**What would you like to do now?**

دعنا نذهب مع أحمد

**Let's go hang out with Ahmed.**

كم سعره؟

**How much is it?**

**It's $50.**

ماذا تُريد؟

**What would you like?**

**I'd like orange juice, please.**

## ثانياً: الأسئلة المغلقة

## Closed Questions

أما بالنسبة للنوع الثاني من الأسئلة في اللغة الإنجليزية تبدأ بالفعل المساعد مباشرة دون كلمة استفهام

**Question Word**

ويسمى هذا النمط بالأسئلة المغلقة لأنها تتطلب مجرد إجابة بسيطة بـ نعم أو لا دون **(Yes or No)**
الخوض في تفاصيل

الفعل + فاعل + فعل مساعد?

**Example:**

هل تحب الحساء؟

**Do you like the soup?**

**No, I don't.**

هل يمكنك مساعدتي لمدة دقيقة؟

**Can you help me for a minute?**

هل كنت في لندن؟

**Have you been to London?**

**No, I haven't.**

هل أنت متزوج؟

**Are you married?**

**Yes, I am**

**تذكر :**

نلاحظ أن الفرق الأكثر وضوحاً بين الأسئلة المفتوحة والاسئلة المغلقة هي كلمة الاستفهام في البداية.

من المهم أن تضع في الاعتبار عند طرح السؤال باللغة الإنجليزية أن الفاعل والفعل المساعد يكونا متطابقين لزمن الجملة ويجب أن تنتبه لذلك جيداً.

لا تنسى علامة الاستفهام في نهاية كل سؤال.

# شرح مسبط للازمنة فى اللغة الانجليزية وفى المستوى الاعلى سيكون هناك شرح بالتفصيل :

الزمن البسيط :

## Simple Tense:

بدأ بشرح ازمنة اللغة الانجليزية البسيطة. ينقسم الزمن البسيط في اللغة الإنجليزية إلى المضارع والماضي والمستقبل

**الزمن المضارع البسيط (Present simple tense)**

**هو عبارة عن الفعل بشكله الأصلي**

**.(واستخدام الفعل فقط "to" مع إزالة الـ "infinitive"المصدر)**

**إذا كان الفاعل مفرداً، تتم إضافة حرف**

**.في نهاية الفعل "s"**

**يستخدم هذا الزمن للإشارة إلى الأفعال التي تحدث حالياً، مثل الإشارة .إلى فعل يحدث في زمن ذكر الفعل**

الولد يكتب مقالة = The boy writes an essay

الأمهات يشرفن على دراسة أبنائهم= Mothers supervise their children's studies

يمكن استخدام هذا الزمن أيضاً للإشارة إلى الأفعال التي تحدث يومياً أو بشكل مستمر، كالمهنة أو الهواية.

أذهب إلى المدرسة كل يوم=I go to school everyday

أختي تعزف الغيتار=My sister plays the guitar

يمكن استخدام هذا الفعل أيضاً للإشارة إلى الأفعال التي ستحصل في المستقبل، عادة مع ذكر الزمن المحدد في
المستقبل.

القطار ينطلق بعد ساعة = The train departs in an hour

يصل ضيوفي بعد قليل= My guests arrive in a little bit

الزمن الماضي البسيط

(Past Simple tense)

يتألّف من الفعل مع إضافة حرفيّ

في نهايته. "ed"

توجد بعض الأفعال التي لا تتبع هذه القاعدة، والتي تتغير كتابتها لدى تصريفها من الحاضر إلى الماضي (مثال

to write, to teach, to drink, to read).

يستخدم هذا الزمن للإشارة إلى الأفعال التي حدثت وانتهت في الماضي، غالباً مع ذكر وقت حدوث الفعل.

I graduated in 2011=تخرجت في العام 2011

كتب أخي روايته الأولى منذ عامين

= My brother wrote his first novel two years ago

الزمن المستقبل البسيط

## (Future simple tense)

يتألف من فعل

"Will"

يليه الفعل بشكله المضارع،

مع إزالة حرف

S

إن وجد

يشير هذا الزمن إلى فعل سيحدث في المستقبل.

عادة ما يرافق هذا الزمن ظرف زمان يشير إلى الوقت المترقب أو المخطط لحدوث الفعل.

سأسافر إلى فرنسا في الصيف

**= I will travel to France in the summer**

# اهم الجمل في اللغة الانجليزية

**Be careful.**

كن حذر

بي كآرفول

**Be careful driving.**

كن حذر في القيادة

بي كآرفول درايفينك

**Can you translate this for me?**

ايمكنك ترجمة هذا لي ؟

كان يو ترانسلات ذس فور مي

Chicago is very different from Boston.

شيكاغو تختلف كثيرا عن بوصتن

شيكاغو از فيري ديفيرانت فروم بوستن

Don't worry.

لا تقلق

دونت ووري

Everyone knows it.

الجميع يعرف ذلك

ايفريوان نووز إت

Everything is ready.

كل شيء جاهزا

ايفريثينك از رآدي

Excellent.

ممتاز

إكسيلانت

From time to time.

من وقت لآخر

فروم تايم تو تايم

Good idea.

فكرة جيدة

كود آيديا

He likes it very much.

يحبه كثيرا

هي لايكس إت فيري ماتش

Help!

مساعدة

هيلب

He’s coming soon.

انه يأتي في وقت قريب

هيز كامينك سوون

He’s right.

وهو على حق

هيز رآيت

He’s very annoying.

انه مزعج للغاية

هيز فيري أنويينك

He's very famous.

وهو مشهور جدا

هيز فيري فآماس

How are you?

كيف حالك؟

هاو آر يو

How's work going?

كيف عملك؟

هاوز وورك كوينك

Hurry!

على عجل

هاري

I ate already.

أكلت فعلا

آ آت آوريدي

I can't hear you.

لا استطيع ان اسمعك

آ كانت هير يو

I'd like to go for a walk.

اريد ان اذهب لاتمشى

آيد لايك تو كو فور أ وآك

I don’t know how to use it.

لا اعرف كيفية استخدامها

آي دونت نوو هاو تو يوز إت

I don’t like him.

أنا لا أحبه

آ دونت لايك هيم

I don’t like it.

أنا لا أحب ذلك

آ دونت لايك إت

I don’t speak very well.

أنا لا أتكلم جيدا

آي دونت سبيك فيري ويل

I don’t understand.

لا افهم

آي دونت اندارستاند

I don’t want it.

أنا لا أريده

آي دونت وآنت إت

I don’t want that.

أنا لا أريد ذلك

آي دونت وآنت ذات

I don’t want to bother you.

لا أريد أن ازعجك

آي دونت وآنت تو باذر يو

I feel good.

اشعر انني على ما يرام

آي فيل كود

If you need my help, please let me know.

اذا اردت مساعدتي اخبرني من فضلك

إف يو نيد ماي هيلب ، بليز ليت مي نوو

I get off of work at 6.

انتهي من العمل في 6

آي كيت اوفف اوف وورك آت 6

I have a headache.

أنا أعاني من الصداع

آي هاف أ هيداك

**I hope you and your wife have a nice trip.**

أتمنى لك و لزوجتك رحلة سعيدة

آي هوب يو آند يور وايف هاف أ نايس تريب

**I know.**

أعرف

آي نوو

**I like her.**

انا معجب بها

آي لايك هآر

**I'll call you when I leave.**

سأتصل بك عندما اغادر

آيل كال يو وين آي ليف

**I'll come back later.**

سأعود لاحقاً

آيل كام باك لاتر

**I'll pay.**

سأدفع

آيل بآي

**I'll take it.**

سأخذه

آيل تاك إت

**I'll take you to the bus stop.**

سأخذك لموقف الباصات

آيل تاك يو تو ذا باس ستوب

I lost my watch.

لقد فقدت ساعتي

آي لوست ماي واتش

I love you.

أنا أحبك

آي لاف يو

I'm an American.

انا امريكي

ايآم آن اميريكان

I'm cleaning my room.

انني انظف غرفتي

ايآم كلينينك ماي رووم

I’m cold.

انا اشعر بالبرد

ايآم كولد

I’m coming to pick you up.

انا قادم لاخذك

ايآم كامينك تو بيك يو أب

I’m going to leave.

انني مغادر

ايآم كوينك تو ليف

I’m good, and you?

انا جيد وانت؟

ايآم كود ، آند يو

I’m happy.

انا سعيد (فرح)

ايآم هابي

I’m hungry.

انا جائع

ايآم هانكري

I’m married.

انا متزوج

ايآم ماريد

I’m not busy.

انا لست مشغول

ايآم نوت بازي

**I’m not married.**

انا لست متزوج

آيام نآت ماريد

**I’m not ready yet.**

انا لست جاهز الى الان

ايآم نآت ريدي يت

**I’m not sure.**

انا لست متاكد

ايآم نآت شور

**I’m sorry, we’re sold out.**

انا اسف ولكن البضاعة عندنا قد نفذت

ايآم سوري ، وي آر سولد أوت

I'm thirsty.

انا عطش

ايآم ثيرستي

I'm very busy. I don't have time now.

انا مشغول لا يوجد لدي وقت الان

آيام فيري بيزي . آي دونت هاف تايم ناو

I need to change clothes.

انا بحاجة لتغيير الملابس

آي نيد تو شانج كلوذيس

I need to go home.

انا بحاجة الى العودة الى بيتي

آي نيد تو كو هووم

I only want a snack.

أريد فقط وجبة خفيفة

آي أونلي وانت أ سناك

Is Mr. Smith an American?

السيد سميث هو اميركي؟

إز مستر . سميث آن اميريكان

Is that enough?

هل هذا يكفي؟

از ذات إناف

I think it's very good.

اعتقد انه جيد جدا

آي ثينك إتس فيري كود

I think it tastes good.

اعتقد ان طعمه جيد

آي ثينك إت تاستيس كود

I thought the clothes were cheaper.

اعتقدت ان الملابس ارخص

آي ثووت ذا كلوذيس وير شيبر

It's longer than 2 miles.

انه أطول من 2 ميل

إتس لونكار ذان 2 ميلز

I’ve been here for two days.

جئت الى هنا لمدة يومين

آيف بين هير فور تو دايز

I’ve heard Texas is a beautiful place.

سمعت عن  تكساس إنه مكان جميل

آيف هيرد تاكساس إز أ بيوتيفول بلاس

I’ve never seen that before.

لم أر ذلك من قبل

آيف نيفار سين ذات بيفور

I was about to leave the restaurant when my friends arrived.

كنت على وشك مغادرة المطعم عندما وصل اصحابي

آي واز أباوت تو ليف ذا ريستيرآنت وين ماي فريندس أرايفد

Just a little.

مجرد القليل

جاست أ ليتل

Just a moment.

مجرد لحظة

جاست أ مومنت

Let me check.

اسمحوا لي أن اتحقق

ليت مي شيك

Let me think about it.

اسمحوا لي التفكير في الامر

ليت مي ثينك أباوت إت

Let's go have a look.

دعونا نذهب لنلقي نظرة

ليتس كو هاف أ لووك

Let's practice English.

هيا نمارس اللغة الإنجليزية

ليتس براكتيس إنكلش

May I speak to Mrs. Smith please?

هل لي أن أتكلم مع السيدة سميث من فضلك؟

ماي آي سبيك تو ميسيس سميث بليز

## More than that.

أكثر من ذلك

مور ذان ذات

## Never mind.

لا تقلق

نيفار مايند

## Next time.

في المرة القادمة

نيكست تايم

## No.

لا

نو

Nonsense.

هراء

نآنسينس

No, thank you.

لا ، شكرا لكم

نو، ثانك يو

Nothing else.

ولا شيء غير ذلك

نآثينك إلس

Not recently.

وليس في الآونة الأخيرة

نآت ريسينتلي

Not yet.

ليس بعد

نآت يت

Of course.

بالطبع

أوف كورس

Okay.

حسنا

أوكاي

Please fill out this form.

يرجى ملء هذا النموذج

بليز فيل أوت ذس فورم

Please take me to this address.

الرجاء اخذي إلى هذا العنوان

بليز تآك مي تو ذس أدريس

Please write it down.

من فضلك اكتبها

بليز رايت إت داون

Really?

حقا؟

ريلي

Right here.

هنا

رايت هير

Right there.

هناك

رايت ذآر

See you later.

أراك لاحقا

سي يو لآتر

See you tomorrow.

أراك غداً

سي يو تومورو

See you tonight.

أراك الليلة

سي يو تونايت

She's pretty.

انها جميلة

شيز بريتي

Sorry to bother you.

آسف لازعجك

سوري تو باذر يو

Stop!

توقف

ستوب

Take a chance.

خذ الفرصة

تآك أ شانس

Take it outside.

خذها للخارج

تآك إت أوتسايد

Tell me.

اخبرني

تيل مي

Thanks for everything.

الشكر على كل شيء

ثانكس فور ايفريثينك

Thanks for your help.

شكرا لمساعدتكم

ثانكس فور يور هيلب

**Thank you.**

شكرا لك

ثانك يو

**Thank you miss.**

شكرا لك يا انسة

ثانك يو ميس

**Thank you sir.**

شكرا لك يا سيد

ثانك يو سير

**Thank you very much.**

شكرا جزيلا

ثانك يو فيري ماتش

That looks great.

ذلك يبدو رائعا

ذات لوكس كرآت

That's alright.

هذا على ما يرام

ذاتس آورايت

That's enough.

هذا يكفي

ذاتس إيناف

That's fine.

هذا شيء طيب

ذاتس فاين

That’s it.

هذا كل شيء

ذاتس إت

That smells bad.

هذا رائحته سيئة

ذات سميلز باد

That’s not fair.

هذا ليس عدلا

ذاتس نآت فآر

That’s not right.

هذا ليس صحيحا

ذاتس نآت رايت

That's right.

هذا صحيح

ذاتس رايت

That's too bad.

هذا سيء للغاية

ذاتس تو باد

That's too many.

هذا عدد كبير جدا

ذاتس توو مآني

That's too much.

هذا كثير جدا

ذاتس تو ماتش

**The book is under the table.**

**الكتاب تحت الطاولة**

**ذا بوك إز أندر ذا تابول**

**They'll be right back.**

**سوف يرجعون في الحال**

**ذآيل بي رايت باك**

**They're the same.**

**انـهم نفسه**

**ذآير ذا سام**

**They're very busy.**

**انـهم مشغولون جدا**

**ذآير فيري بازي**

This **doesn't work**.

هذا لا ينجح

ذس داسينت وآرك

This is **very difficult**.

هذا صعب جدا

ذس از فيري ديفيكالت

This is **very important**.

هذا مهم جدا

ذس از فيري إمبورتانت

Try it

جربها

تراي إت

Very good, thanks.

جيد جدا ، شكرا

فيري كود ، ثانكس

We like it very much.

أحببنا ذلك كثيرا

وي لايك إت فيري ماتش

Would you take a message please?

يمكنك اخذ رسالة من فضلك؟

وود يو تآك أ ماسيج بليز

Yes, really.

نعم ، حقا

ياس ريلي

You're beautiful.

أنت جميلة

يوآر بيوتيفول

You're very nice.

أنت لطيف جدا

يوآر فيري نايس

You're very smart.

انت ذكية جدا

يوآر فيري سمارت

Your things are all here.

جميع الأمور الخاصة بك هنا

يوور ثينكس آر آل هير

## هذه لمحة بسيطة عن المستوي المتقدم لتعلم اللغة الإنجليزية مع امير علي :

سوف نتعلم كيفية التكلم بالعامية الامريكية كأننا متحدثون امريكيون

**مثال:**

**Wanna = want to**

اريد

**gotta = got to / got a**

يجب

**Gonna = going to**

يذهب الي او سوف

**Whatcha = what are**

ماذا ؟

سيكون هناك المزيد لتتعلمه في المستوى المتقدم فقط اتقن هذا المستوي و نراك في المستوي المتقدم .

# خاتمة

في الختام أتمنى لكم النجاح و الموفقية في حياتكم العامة. سنسعد بأشتراككم في قنواتنا و متابعتنا على يوتيوب، تلكرام، سناب شات، و أيضاً لا تنسوا الأعجاب بصفحتنا على فيسبوك و كروب الجنسية الأمريكية مع أمير علي على فيسبوك لنشر الأستفسارات
و المناقشة بين الأعضاء. دمتم بحفظ الرحمن.

www.AmeerUSA.com

Made in the USA
Las Vegas, NV
23 May 2024

90296566R00072